Ffeithiau Rygbi

100 o ffeithiau rygbi
gan Gary Pritchard

Lluniau ▪ Philip Prendergast

Golygydd ▪ Catrin Hughes

Cyflwynedig i fy nheulu

GP

Argraffiad cyntaf: 2004
Hawlfraint y testun: Gary Pritchard 2004
Hawlfraint y lluniau: Philip Prendergast 2004

Cyhoeddwyd gan Wasg y Dref Wen,
28 Ffordd yr Eglwys, Yr Eglwys Newydd,
Caerdydd CF14 2EA
Ffôn: 029 20617860

Argraffwyd ym Mhrydain

O'r dechrau

Credir fod rygbi wedi dechrau ym 1823 wrth i William Webb Ellis benderfynu casglu'r bêl yn ei ddwylo a rhedeg wrth chwarae pêl-droed yn Ysgol Rugby, Lloegr. Yn anffodus, nid oes unrhyw dystiolaeth i brofi, na gwrthbrofi, hyn.

Ym 1843, sefydlwyd clwb rygbi cynta'r byd yn Ysbyty Guy's yn Llundain. Cyn hyn, dim ond ysgolion bonedd oedd yn chwarae "pêl-droed rheolau Rugby."

Crëwyd y peli hirgrwn gwreiddiol gyda phledren mochyn, a hynny gan grydd oedd â siop drws nesaf i Ysgol Rugby.

Cynhaliwyd y gêm gyntaf erioed rhwng dau glwb ym 1863, gyda chlwb Richmond yn herio Blackheath yn Llundain.

Yng Nghymru, Castell-nedd oedd y clwb cyntaf i gael ei ffurfio, ym 1871.

4

Ym 1871, ffurfiwyd yr Undeb Rygbi yn Lloegr mewn cyfarfod ym mwyty Pall Mall, Regent Street, Llundain. Roedd 21 o glybiau'n bresennol yn y cyfarfod, ond aeth cynrychiolydd clwb y Wasps i'r man anghywir. Erbyn iddo sylweddoli ei gamgymeriad, roedd e'n rhy feddw i fynd i'r cyfarfod!

Cynhaliwyd y gêm ryngwladol gyntaf erioed ym mis Mawrth 1871, rhwng yr Alban a Lloegr, gydag 20 chwaraewr ar y maes i bob tîm, a'r Alban yn fuddugol.

Ym 1877, penderfynwyd cwtogi y nifer chwaraewyr mewn tîm o 20 i 15.

Sefydlwyd Undeb Rygbi Cymru ym 1881 mewn cyfarfod yn Abertawe. Roedd 11 clwb yn bresennol: Aberhonddu, Abertawe, Bangor, Caerdydd, Casnewydd, Pont-y-pwl, Merthyr, Llanymddyfri, Llandeilo, Llanelli a Llanbedr Pont Steffan.

Ym mis Awst 1895, penderfynodd 22 o glybiau Gogledd Lloegr dorri'n rhydd o'r Undeb Rygbi a chreu Undeb Rygbi'r Gogledd, er mwyn caniatàu i'w chwaraewyr dderbyn tâl am chwarae. Cafodd Undeb Rygbi'r Gogledd ei ailenwi yn Rygbi'r Gynghrair ym 1922.

Y gêm rygbi ryngwladol gyntaf i'w darlledu ar y teledu oedd y gêm rhwng Lloegr a'r Alban ym 1938.

Ym mis Awst 1995, penderfynodd y Bwrdd Rygbi Rhyngwladol ganiatàu i chwaraewyr dderbyn arian am chwarae am y tro cyntaf erioed, gan droi rygbi yn gêm broffesiynol.

Sgorio

Cyn 1871 roedd gan nifer o glybiau systemau sgorio gwahanol. Penderfynwyd ar system sgorio newydd ym 1871, wedi i'r Undeb gael ei ffurfio ond bu sawl newid i'r system sgorio ers hynny.

David Sole, o'r Alban, oedd yr olaf i sgorio cais gwerth pedwar pwynt, a hynny mewn gêm ryngwladol yn erbyn Awstralia ym Mehefin 1992.

Inga Tuigamala oedd y cyntaf i sgorio cais gwerth pum pwynt, dros Seland Newydd yn erbyn Awstralia ym mis Gorffennaf 1992.

Y gêm gyfartal â'r sgôr uchaf oedd honno rhwng Lloegr a Seland Newydd ym 1997, gyda'r sgôr yn 26-26.

Y sgôr uchaf erioed mewn gêm rygbi oedd rhwng clwb Comet o Ddenmarc a'u cymdogion, Lindo, ym mis Tachwedd 1973. Enillodd clwb Comet 194-0.

Elton Flatley, canolwr Awstralia, sgoriodd y cais cyflymaf yn hanes rygbi rhyngwladol. Croesodd y llinell gais wedi 18 eiliad yn unig yn erbyn Romania yng Nghwpan y Byd 2003.

Jannie van der Westhuizen o Dde Affrica yw'r chwaraewr i sgorio'r mwyaf o bwyntiau mewn un gêm. Sgoriodd 94 pwynt – 14 cais, naw trosiad, un gôl adlam ac un gic gosb – i glwb Carnarvon yn erbyn Williston ym mis Mawrth 1972.

Cymru

Chwaraeodd Cymru ei gêm ryngwladol gyntaf erioed yn erbyn Lloegr yn Blackheath ym mis Chwefror 1881. Roedd yn ddechrau gwael, gyda Chymru yn colli 30-0.

Sefydlwyd pencampwriaeth y Pedair Gwlad ym 1882, wrth i Gymru groesawu Lloegr i Abertawe ar gyfer y gêm gyntaf yn y bencampwriaeth. Lloegr enillodd, 26-0.

Daeth buddugoliaeth fwyaf Cymru yng ngêmau rhagbrofol Cwpan y Byd, 1995, wrth iddynt drechu Portiwgal 102-11 yn Lisbon. Llwyddodd Cymru i sgorio 16 cais, y mwyaf erioed i Gymru sgorio mewn un gêm.

Daeth crasfa waethaf Cymru yn erbyn De Affrica ym 1998, gan golli 96-13 yn Pretoria. Ildiwyd 15 cais, y mwyaf i Gymru ildio mewn unrhyw gêm brawf.

Llwyddodd Cymru i fynd trwy gydol y 1970au heb golli gartref yn erbyn unrhyw un o wledydd Ewrop.

Casnewydd yw'r unig glwb sydd yn aelodau o Undeb Rygbi Cymru yn ogystal â bod yn aelodau o'r Undeb Rygbi yn Lloegr.

12

Llanelli sydd â'r record am y nifer fwyaf o fuddugoliaethau yng Nghwpan Cymru, gan gipio'r tlws ar 12 achlysur – y tro diwethaf yn 2003 cyn ad-drefnu rygbi Cymru yn rhanbarthau.

Yn 2003 cafwyd ad-drefnu sylweddol o rygbi clwb yng Nghymru wrth i'r Undeb greu pum clwb rhanbarthol.
Yn ogystal â Gleision Caerdydd, cyfunwyd clybiau Castell-nedd ac Abertawe i greu'r Gweilch; estynnwyd Scarlets Llanelli i gynrychioli Gorllewin a Gogledd Cymru, a daeth Casnewydd a Glyn Ebwy ynghyd i greu Dreigiau Gwent. Unwyd Pontypridd a Phen-y-bont i greu'r Rhyfelwyr Celtaidd, ond diddymwyd y tim wedi tymor yn unig, gyda Phontypridd yn ymuno â'r Gleision a Phen-y-bont yn ymuno â'r Gweilch.

Mae sosban ar frig pob un o'r pyst ar Barc y Strade, cartref Llanelli, a hynny gan fod ffatri yn y dref yn arfer cynhyrchu sosbenni.

Chwaraewyd rygbi yn Llanelli am y tro cyntaf ym 1876, ond roedd tîm y sosban yn gwisgo crysau glas bryd hynny. Gwisgwyd y crys sgarled enwog am y tro cyntaf ym 1884 wrth i glwb y dref herio pymtheg o Iwerddon oedd wedi aros yn Llanelli ar eu ffordd adref, ar ôl iddynt chwarae yn erbyn Cymru yng Nghaerdydd.

Chwaraewyr Cymru

Y Cymro John Devereux oedd y chwaraewr cyntaf i chwarae Rygbi XIII a Rygbi'r Undeb yn broffesiynol.

Chwaraeodd Gareth Edwards 53 gêm brawf yn olynol i Gymru – record byd sy'n sefyll hyd heddiw.

Neil Jenkins yw prif sgoriwr pwyntiau Cymru. Sgoriodd 1,049 o bwyntiau mewn 87 gêm dros Gymru.

Gareth Thomas yw prif sgoriwr ceisiadau Cymru wedi iddo dorri record Ieuan Evans. Sgoriodd gais rhif 34 yn erbyn yr Eidal ym Mhencampwriaeth y Chwe Gwlad yn 2004.

Gareth Llewellyn sydd wedi ennill y nifer fwyaf o gapiau dros Gymru. Llwyddodd Llewellyn i wisgo crys coch Cymru am y 90fed achlysur yn Ne Affrica yn ystod Haf 2004.

Scott Quinnell oedd y chwaraewr cyntaf i ymweld â'r cell callio mewn gêm brawf, pan dderbyniodd garden felen yn erbyn Ffrainc ym 1999.

Cafodd y clo, James Griffiths, ei ddanfon i'r cell callio o fewn llai na munud o ddod i'r maes i ennill ei unig gap dros Gymru yn erbyn Samoa ym mis Tachwedd 2000.

Yn ystod Cwpan y Byd 2003, chwaraeodd Brent Cockbain i Gymru tra bod ei frawd, Matt, yn chwarae dros Awstralia. Mae Brent yn gymwys i chwarae dros Gymru gan ei fod wedi byw yng Nghymru am dair blynedd.

Y Llewod

Cafodd llysenw 'Y Llewod' ei ddefnyddio am y tro cyntaf ym 1924. Teithiodd tîm o chwaraewyr gorau Cymru, Iwerddon, Lloegr a'r Alban i Dde Affrica. Cafodd yr enw ei ddefnyddio gan fod y tîm i gyd yn gwisgo tei â llun y Llew Prydeinig arno.

Sefydlwyd lliwiau'r Llewod ym 1930 ar eu taith i Seland Newydd. Mae'r crysau coch, trowsusau gwyn, a sanau glas a gwyrdd yn cynrychioli'r pedair gwlad.

Ym 1971 cafodd saith chwaraewr o Glwb Rygbi Cymry Llundain – John Dawes, JPR, Gerald Davies, Mervyn Davies, John Taylor, Mike Roberts a Geoff Evans – eu dewis i fynd ar daith y Llewod i Seland Newydd. Roedd hyn yn record yn nyddiau amatur y gêm.

Tom Richards yw'r unig chwaraewr i gynrychioli Awstralia a'r Llewod. Chwaraeodd Richards i'r Wallabies ar eu taith i Loegr ym 1908, ond arhosodd yn Lloegr i chwarae i glwb Caerloyw. Pan deithiodd y Llewod i Dde Affrica ym 1910, ymunodd Richards â'r Llewod fel eilydd wedi anaf i un o'r garfan wreiddiol.

Ian McGeechan oedd y cyntaf i hyfforddi'r Llewod ddwywaith, gan iddo hyfforddi'r tîm ar eu taith i Awstralia ym 1989 ac i Seland Newydd ym 1993.

Cafodd y Llewod gêm baratoadol yn erbyn Dwyrain Affrica yn Nairobi ar eu taith i Dde Affrica ym 1955. Roedd gŵr ifanc o'r enw Idi Amin ar fainc Dwyrain Affrica. Aeth ymlaen i fod yn unben, gan ei alw'i hun yn Arlywydd Uganda.

Y Barbariaid

Mae clwb y Barbariaid yn unigryw gan nad oes gan y clwb faes na chwaraewyr parhaol. Mae'r chwaraewyr yn derbyn gwahoddiad gan bwyllgor y clwb i chwarae i'r tîm.

Ffurfiwyd clwb rygbi'r Barbariaid ym 1890 gan W. P. Carpmael. Bryd hynny, roedd y tymor rygbi yn gorffen ym mis Mawrth, felly penderfynodd Carpmael wahodd grwp o chwaraewyr i ymuno ag ef i chwarae yn erbyn clybiau rygbi Huddersfield a Bradford.

Mae'r Barbariaid yn chwarae mewn crysau streips du a gwyn a throwsus byr du, ond mae pob chwaraewr yn gwisgo sanau ei glwb ei hun.

21

Chwaraeodd y Barbariaid yn erbyn tîm rhyngwladol am y tro cyntaf erioed ym 1948, gan herio Awstralia ym Mharc yr Arfau, Caerdydd, er mwyn codi arian i alluogi'r Wallabies i ymweld â Chanada ar eu ffordd yn ôl i Awstralia.

Cwpan Heineken Ewrop

Cwpan Heineken yw'r gystadleuaeth rhwng prif glybiau gwledydd Ewrop. Sefydlwyd y gystadleuaeth ym 1996 a'r pencampwyr cyntaf oedd Toulouse, o Ffrainc.

Pencampwriaeth y Pedair / Pum/Chwe Gwlad

Sefydlwyd Pencampwriaeth y Bedair Gwlad rhwng Cymru, Iwerddon, Lloegr a'r Alban ym 1882. Lloegr gipiodd yr ornest gyntaf, gan ennill pob gêm.

Ymunodd Ffrainc ym 1910 gan greu Pencampwriaeth y Pum Gwlad, ond gorfodwyd iddynt adael y gystadleuaeth ym 1931 am fod eu clybiau'n talu chwaraewyr. Cafodd Ffrainc wahoddiad i ailymuno yn y bencampwriaeth ym 1947.

Llwyddodd Lloegr i ennill Pencampwriaeth y Pum Gwlad ym 1959 heb sgorio cais.

Cafwyd sefyllfa unigryw ym 1973, wrth i'r pum gwlad ennill dwy gêm a cholli dwy gêm, ac felly rhannwyd y bencampwriaeth rhwng y pum gwlad!

Yn 2000 ymunodd yr Eidal â'r bencampwriaeth i greu Pencampwriaeth y Chwe Gwlad.

Yn 2004, roedd pencampwyr y byd yn cystadlu ym Mhencampwriaeth y Chwe Gwlad am y tro cyntaf erioed, a hynny gan fod Lloegr wedi cipio Cwpan y Byd yn 2003.

Sefydlwyd Pencampwriaeth y Pedair Gwlad i Ferched rhwng Cymru, Iwerddon, Lloegr a'r Alban ym 1995/96. Ymunodd Ffrainc ym 1998/99 er mwyn creu Pencampwriaeth y Pum Gwlad. Ym 1999/2000 methodd Iwerddon â chodi tîm, ond cymerodd Sbaen eu lle yn y bencampwriaeth. Yna yn 2001/02 ail-ymunodd Iwerddon er mwyn creu Pencampwriaeth y Chwe Gwlad.

Dim ond Cymru, Lloegr, Yr Alban neu Iwerddon all gipio'r Goron Driphlyg. Gallant gyflawni hyn drwy drechu pob un o wledydd eraill Prydain yn ystod Pencampwriaeth y Chwe Gwlad.

Rygbi Rhyngwladol

Chwaraeodd Manu Samoa (Gorllewin Samoa) eu gêm ryngwladol gyntaf yn erbyn Ffiji ym 1924, ond bu rhaid dechrau'r gêm am saith o'r gloch y bore er mwyn i chwaraewyr Samoa gael mynd i'w gwaith ar ôl y gêm. Cafodd y gêm ei chwarae mewn parc lleol ac roedd coeden yng nghanol y maes!

Mae dau glwb rygbi yn Lwcsembwrg - Walferdange a Rugby Club Luxembourg. Gan na fyddai cynghrair â dau glwb yn tanio'r dychymyg, mae'r ddau yn chwarae yng nghyngadreiriau Gwlad Belg. Serch hynny, y mae yna fantais i wlad â dim ond dau glwb – mae'r ddau'n cyrraedd rownd derfynol Cwpan Lwcsembwrg pob blwyddyn!

Siapan yw'r wlad â'r nifer fwyaf o glybiau yn y byd, gyda bron i 5,000 o glybiau.

Llysenw tîm rygbi Mali, yn Affrica, ydi Les Hippos.

Ym 1981, mewn gêm brawf rhwng America a De Affrica yn Efrog Newydd, dim ond 35 oedd yn y dorf.

Cwpan Bledisloe yw'r wobr a roddir i'r tîm buddugol pan fo Awstralia yn herio Seland Newydd. Chwaraewyd y gêm gyntaf am y cwpan ym 1931.

Pan deithiodd Ffiji i chwarae yn Awstralia wedi diwedd yr Ail Ryfel Byd, roedd y Ffijiaid eisiau chwarae eu gêmau prawf yn droednoeth.

Chwaraeodd Tonga eu gêm brawf gyntaf yn erbyn Ffiji ym 1924, ond er trechu eu cymdogion 9-6, bu'n rhaid i'r ynyswyr ddisgwyl am 49 mlynedd cyn chwarae eu hail gêm brawf, a hynny yn erbyn Awstralia yn Sydney ym 1973.

Prif gystadleuaeth rhanbarthau Hemisffer y De yw'r 12 Disglair – cystadleuaeth rhwng 12 rhanbarth o Awstralia, De Affrica a Seland Newydd.

Rygbi Rhyngwladol
Seland Newydd

Yr Haka

Ka mate! Ka mate! Ka ora! Ka ora!
Rwy'n marw! Rwy'n marw! Rwy'n byw! Rwy'n byw!
Ka mate! Ka mate! Ka ora! Ka ora!
Rwy'n marw! Rwy'n marw! Rwy'n byw! Rwy'n byw!
Tenei te tangata puhuru huru
Dyma'r dyn blewog
Nana nei i tiki mai
Sydd yn casglu yr haul
Whakawhiti te ra
Ac yn ei wneud i dywynnu unwaith eto
A upa. . . ne! ka upa. . . ne!
Un cam i fyny! Ac un cam arall i fyny!
A upane kaupane whiti te ra!
Un cam i fyny, un arall . . . mae'r haul yn tywynnu
Hi!!
hei!!

Yn ystod y Trydydd Prawf rhwng Seland Newydd a'r Llewod yn Wellington, ym 1971, rhwystrwyd canolwr y Crysau Duon, Howard Joseph, rhag sgorio cais wrth iddo faglu dros gi oedd wedi rhedeg i'r maes.

De Affrica

Ffurfiwyd Bwrdd Rygbi De Affrica ym 1889, pymtheg mlynedd wedi ffurfio Bwrdd Rygbi India.

Chwaraewr o'r enw Barry Heatlie sy'n gyfrifol fod y Springboks yn gwisgo crysau gwyrdd. Ar droad y ganrif ddiwethaf, capten De Affrica oedd yn dewis pa liw oedd y wlad am wisgo ar gyfer pob gêm a dewisodd Heatlie wisgo lliwiau ei glwb, yr Old Diocesans, sef crysau gwyrdd. Yn y gêm, llwyddodd y Springboks i ennill eu gêm brawf gyntaf erioed gan drechu Prydain.

Ym 1891, Hubert Castens oedd y dyfarnwr ar gyfer y gêm gyntaf yn ystod ymweliad Prydain â De Affrica. Chwaraeodd yn yr ail a'r drydedd gêm, dyfarnu mewn dwy gêm arall, ac yna arwain y Springboks yn y gêm brawf gyntaf yn erbyn Prydain.

Yn ystod y Prawf Cyntaf rhwng De Affrica a Seland Newydd ym 1949, roedd pob un o 15 chwaraewr y Springboks yn gwneud eu hymddangosiad cyntaf dros eu gwlad.

Rygbi yn y Gêmau Olympaidd

Cafodd rygbi ei gynnwys yn y Gêmau Olympaidd am y tro cyntaf ym 1900, gyda thri thîm yn cystadlu. Cipiodd Ffrainc y fedal aur, gan ennill 27-17 yn erbyn yr Almaen. Yr Almaen gafodd y fedal arian, er na chafwyd gêm rhyngddynt hwy a Phrydain, a bu'n rhaid i Brydain fodloni ar y fedal efydd ar ôl colli yn erbyn Ffrainc 27-8.

Dau dîm yn unig oedd yng nghystadlaethau rygbi'r Gêmau Olympaidd yn 1908 yn Llundain, a gêmau 1920 yn Antwerp. Llwyddodd Awstralia i faeddu Prydain 32-2 i gipio'r fedal aur yn Llundain, a chafwyd sioc anferthol wrth i America sicrhau'r aur yn Antwerp trwy drechu Ffrainc 8-0.

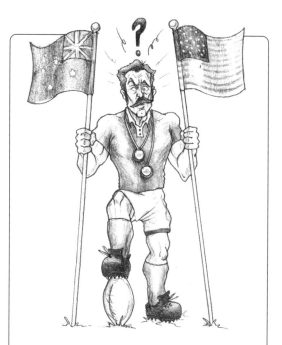

Cafodd Daniel Carroll ddwy fedal aur am chwarae rygbi yn y Gêmau Olympaidd – a hynny i ddwy wlad wahanol! Roedd yn aelod o dîm llwyddiannus Awstralia ym 1908 a chipiodd fedal aur i America ym 1920.

Ym 1924, ym Mharis, roedd tri thîm yn cystadlu. Cafodd Romania y fedal efydd wedi iddynt golli yn erbyn Ffrainc ac America. Llwyddodd America i amddiffyn eu coron yn y gêm derfynol, gan drechu Ffrainc 17-3. Nid oedd y Ffrancwyr yn hapus o gwbl i weld eu tîm yn colli – cafodd anthem America ei bwio ond, yn waeth na hynny, cafodd un o eilyddion America ei daro i'r llawr gan gefnogwr â ffon gerdded!

Yng Ngêmau Olympaidd 1920, casglodd Morris Kirksey o America sawl medal. Medal aur yn y ras gyfnewid, medal arian yn y 100m, a chipiodd fedal aur arall trwy fod yn aelod o'r tîm rygbi buddugol.

Cwpan y Byd

Cynhaliwyd Cwpan Rygbi'r Byd am y tro cyntaf yn Awstralia a Seland Newydd ym 1987.

Y chwaraewr cyntaf i sgorio cais yng Nghwpan y Byd oedd Michael Jones o Seland Newydd, wrth i'r Crysau Duon drechu'r Eidal 70-6 yng ngêm agoriadol Cwpan y Byd ym 1987.

Mark Ring sgoriodd cais cyntaf Cymru yng Nghwpan y Byd, a hynny yn ystod y fuddugoliaeth 13-6 dros Iwerddon ar 25 Mai, 1987.

Llwyddodd Cymru i gipio'r trydydd safle yng Nghwpan y Byd ym 1987. Dyma berfformiad gorau Cymru yn y gystadleuaeth.

Llwyddodd Seland Newydd i chwalu Siapan 145-17 yng nghystadleuaeth Cwpan y Byd 1995, gan greu'r record am y sgôr uchaf yn y rowndiau terfynol.

Y sgôr uchaf mewn gêm ragbrofol ym mhencampwriaeth Cwpan y Byd yw 164-13 rhwng Hong Kong a Singapore ym 1994.

Ym mis Medi 2000 yn Stavanger, Norwy, sgoriodd Simon Williams o Landybïe dwy gais wrth i Lwcsembwrg orchfygu Norwy 41-9 o flaen torf o 200 yng ngêm ragbrofol gyntaf Pencampwriaeth Cwpan y Byd 2003. Roedd y Cymro'n gymwys i chwarae i Lwcsembwrg gan ei fod yn byw yn y wlad.

Cynhaliwyd Cwpan y Byd i ferched am y tro cyntaf ym 1998 yn Amsterdam. Seland Newydd oedd yn fuddugol, gan drechu America 46-12 yn y rownd derfynol.

Amrywiol Gampau!

Wedi iddo ymddeol o'r byd rygbi, llwyddodd Gareth Edwards, cyn-fewnwr Cymru a'r Llewod, i wneud ei farc yn y byd pysgota, gan gynrychioli Cymru yn y gamp a sefydlu record drwy lanio penhwyad (pike) 45 pwys 6 owns ym 1990. Roedd hwn yn record Prydeinig ar y pryd.

Llwyddodd cefnwr Cymru a'r Llewod, JPR Williams, i gipio pencampwriaeth tenis ieuenctid Wimbledon ym 1966.

Ym 1992 enillodd Robin McBryde, bachwr Cymru, gystadleuaeth Dyn Cryfaf Cymru.

Wedi iddo ennill 19 cap i dîm rygbi Awstralia, cymerodd Otto Nothling le Syr Don Bradman ar gyfer yr ail brawf criced yn erbyn Lloegr yn Sydney ym 1928.

Manon Williams yw'r person cyntaf o Gymru i gynrychioli Cymru ar y maes rygbi a phêl-droed. Wrth iddi ennill ei chap rygbi cyntaf yn erbyn yr Alban ym mis Chwefror 2004, casglodd gap i ychwanegu at ei chasgliad oedd eisoes yn cynnwys wyth cap i dîm pêl-droed merched Cymru.

Enillodd Stanley Harris ddau gap dros Loegr, ond yn ogystal â'i sgiliau ar y maes rygbi, llwyddodd hefyd i gynrychioli ei wlad mewn tenis, bocsio, y pentathlon modern a dawnsio!

Roedd Wilf Wooller yn feistr ym myd y campau yng Nghymru yn ystod y 1930au a'r 40au. Yn ogystal â chwarae 18 o weithiau i dîm rygbi Cymru, roedd hefyd yn gapten ar glwb criced Morgannwg, chwaraeodd rai gêmau fel blaenwr i glwb pêl-droed Caerdydd a bu'n cynrychioli Cymru mewn sboncen!

Rudi van Vuuren o Namibia yw'r chwaraewr cyntaf i chwarae yng Nghhwpan Rygbi'r Byd a Chwpan Criced y Byd. Cynrychiolodd ei wlad yn y ddwy gystad-leuaeth yn 2003.

Chwaraewyr

Ym 1906 enillodd Dr Arnold Alcock ei unig gap dros Loegr, a hynny oherwydd camgymeriad llwyr. Roedd y dewiswyr wedi galw am y dyn anghywir i'r garfan ar gyfer y gêm yn erbyn De Affrica, gan yrru llythyr at y doctor yn hytrach nag at y chwaraewr, Andrew Slocock!

Symud pianos oedd galwedigaeth prop Samoa, Peter Fatialofa.

Er iddo ennill saith cap dros Seland Newydd, chwaraeodd cyn-faswr Llanelli, Frano Botica, ddwywaith i Groatia yng ngêmau rhagbrofol Cwpan y Byd, 1997.

Treuliodd maswr arwrol De Affrica, Naas Botha, gyfnod fel ciciwr gyda thîm Pêl-droed Americanaidd y Dallas Cowboys.

Gêm fer iawn a gafodd Abdelatif Benazzi yn ystod ei ymddangosiad cyntaf dros Ffrainc yn erbyn Awstralia ym 1990, a hynny wedi iddo dderbyn carden goch am sefyll ar un o chwaraewyr Awstralia. Dyma'r tro cyntaf erioed i chwaraewr dderbyn carden goch ar ei ymddangosiad cyntaf mewn gêm brawf.

Ym 1968, tra oedd yn fyfyriwr yng Ngholeg Yale, chwaraeodd Arlywydd America, George W. Bush, i dîm rygbi'r coleg.

Jason Leonard sydd â'r record byd am y nifer fwyaf o gapiau dros unrhyw wlad. Mae'r prop wedi cynrychioli Lloegr 114 o weithiau.

Safleoedd

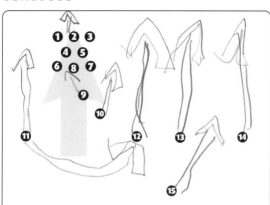

1. Prop Pen Rhydd
2. Bachwr
3. Prop Pen Tyn
4. Clo
5. Clo
6. Blaenasgellwr Ochr Dywyll
7. Blaenasgellwr Ochr Agored
8. Wythwr
9. Mewnwr
10. Maswr
11. Asgellwr Chwith
12. Canolwr
13. Canolwr
14. Asgellwr Dde
15. Cefnwr